Impressum
Verlag: BABADADA GmbH, Nedderfeld 112 , 22529 Hamburg
Geschäftsführer / Verlagsleitung: Harald Hof
Druck: Books on Demand GmbH, In de Tarpen 42, 22848 Norderstedt

Imprint
Publisher: BABADADA GmbH, Nedderfeld 112 , 22529 Hamburg, Germany
Managing Director / Publishing direction: Harald Hof
Print: Books on Demand GmbH, In de Tarpen 42, 22848 Norderstedt

el aula
classroom

dividir
divide

186/2

el patio de la escuela
school yard

el pizarrón
board

el maestro
teacher

el papel
paper

escribir
write

la birome
pen

el escritorio
desk

la regla
ruler

el libro
book

el alumno
pupil

la mochila

satchel

la caja de lápices

pencil case

el lápiz

pencil

el sacapuntas

pencil sharpener

la goma (de borrar)

rubber

el bloc de dibujo

drawing pad

el dibujo

drawing

el pincel

paintbrush

la caja de pinturas

paint box

la tijera

scissors

el pegamento

glue

el cuaderno de ejercicios

exercise book

la tarea

homework

el número

number

sumar

add

restar

subtract

multiplicar

multiply

calcular

calculate

la letra

letter

el abecedario

alphabet

la palabra

word

el colegio - school

el texto

text

leer

read

la tiza

chalk

la lección

lesson

el cuaderno de clase

register

el examen

exam

el certificado

certificate

el uniforme escolar

school uniform

la educación

education

la enciclopedia

encyclopedia

la universidad

university

el microscopio

microscope

el mapa

map

el tacho (de basura)

waste-paper basket

el hotel
hotel

el hostel
hostel

la casa de cambio
bureau de change

la valija
suitcase

el auto
car

el idioma

language

sí / no

yes / no

Está bien

Okay

hola

hello

el traductor

translator

Gracias

Thank you

¿cuánto cuesta…?

how much is…?

No entiendo

I do not understand

el problema

problem

¡Buenas tardes!

Good evening!

¡Buenos días!

Good morning!

¡Buenas noches!

Good night!

el adiós

bye bye

la dirección

direction

el equipaje

luggage

el bolso

bag

la mochila

backpack

el invitado

guest

la habitación

room

la bolsa de dormir

sleeping bag

la carpa

tent

información turística
tourist information

la playa
beach

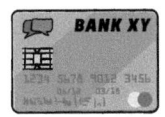

la tarjeta de crédito
credit card

el desayuno
breakfast

el almuerzo
lunch

la cena
dinner

el pasaje
ticket

el ascensor
lift

el sello
stamp

la frontera
border

la aduana
customs

la embajada
embassy

la visa
visa

el pasaporte
passport

el avión
aeroplane

el barco
ship

la autobomba
fire engine

el colec
bus

el camión
truck

la lancha a motor
motorboat

la bicicleta
bike

el auto
car

el ferry

ferry

el bote

boat

la moto

motorbike

el patrullero

police car

el auto de carreras

racing car

el auto de alquiler

rental car

l alquiler de autos

car sharing

la grúa

breakdown truck

el camión de la basura

refuse truck

el motor

motor

la nafta

fuel

la estación de servicio

petrol station

señal de tránsito

traffic sign

el tránsito

traffic

el embotellamiento

traffic jam

estacionamiento

car park

la estación de tren

train station

las vías

tracks

el tren

train

el tranvía

tram

el vagón

carriage

el helicóptero

helicopter

el aeropuerto

airport

la torre

tower

el pasajero

passenger

el contenedor

container

la caja de cartón

carton

la carretilla

cart

la canasta

basket

despegar / aterrizar

take off / land

la ciudad
city

el pueblo

village

el centro de la ciudad

city centre

la casa

house

el cine
cinema

la publicidad
advert

el farol
street lamp

la calle
street

el taxi
taxi

el kiosco
snack shop

el peatón
pedestrian

la vereda
pavement

el paso peatonal
zebra crossing

...nedor de basura

el cruce
crossing

el semáforo
traffic lights

la cabaña
hut

el departamento
flat

la estación de tren
train station

...a municipalidad
town hall

el museo
museum

el colegio
school

la ciudad - city

la universidad

university

el banco

bank

el hospital

hospital

el hotel

hotel

la farmacia

pharmacy

la oficina

office

la librería

book shop

el negocio

shop

la florería

florist's

el supermercado

supermarket

el mercado

market

las grandes tiendas

department store

la pescadería

fishmonger's

el centro comercial

shopping centre

el puerto

harbour

el parque

park

el banco

bench

el puente

bridge

las escaleras

stairs

el subte

underground

el túnel

tunnel

arada del colectivo

bus stop

el bar

bar

el restaurante

restaurant

el buzón

postbox

el letrero

street sign

el parquímetro

parking meter

el zoológico

zoo

la pileta

swimming pool

la mezquita

mosque

la granja

farm

la contaminación

pollution

el cementerio

graveyard

la iglesia

church

los juegos infantiles

playground

el templo

temple

el paisaje

landscape

la hoja
leaf

el poste indicador
signpost

el camino
way

la pradera
meadow

el excursionista
hiker

la piedra
stone

el árbol
tree

el río
river

la hierba
grass

la flor
flower

el valle
valley

la montaña
hill

el lago
lake

el bosque
forest

el desierto
desert

el volcán
volcano

el castillo
castle

el arco iris
rainbow

el champiñón
mushroom

la palmera
palm tree

el mosquito
mosquito

la mosca
fly

la hormiga
ant

la abeja
bee

la araña
spider

el escarabajo

beetle

la rana

frog

la ardilla

squirrel

el erizo

hedgehog

la liebre

hare

la lechuza

owl

el pájaro

bird

el cisne

swan

el jabalí

boar

el ciervo

deer

el alce

moose

la presa

dam

el aerogenerador

wind turbine

el panel solar

solar panel

el clima

climate

el mozo
waiter

el menú
menu

la silla
chair

la sopa
soup

la pizza
pizza

los cubiertos
cutlery

el mantel
tablecloth

la entrada
starter

el plato principal
main course

el postre
dessert

las bebidas
drinks

la comida
food

la botella
bottle

la comida rápida

fast food

la comida callejera

street food

la tetera

teapot

la azucarera

sugar bowl

la porción

portion

la cafetera expreso

espresso machine

la sillita alta

high chair

la cuenta

bill

la bandeja

tray

el cuchillo

knife

el tenedor

fork

la cuchara

spoon

la cucharita

teaspoon

la servilleta

serviette

el vaso

glass

el plato

plate

el plato hondo

soup plate

el plato

saucer

la salsa

sauce

el salero

salt pot

el molinillo de pimienta

pepper mill

el vinagre

vinegar

el aceite

oil

las especias

spices

el kétchup

ketchup

la mostaza

mustard

la mayonesa

mayonnaise

el supermercado
supermarket

la oferta especial
special offer

el cliente
customer

los lácteos
dairy

la fruta
fruit

el changuito
trolley

FOR

la carnicería

butcher's

la panadería

baker's

pesar

weigh

las verduras

vegetables

la carne

meat

los alimentos congelados

frozen food

los fiambres

cold meat

los alimentos enlatados

tinned food

el detergente en polvo

washing powder

las golosinas

sweets

los electrodomésticos

household products

los productos de limpieza

cleaning products

la vendedora

salesperson

la caja

till

el cajero

cashier

lista de compras

shopping list

el horario de atención

opening hours

la billetera

wallet

tarjeta de crédito

credit card

la cartera

bag

la bolsa de plástico

plastic bag

las bebidas
drinks

el agua

water

el jugo

juice

la leche

milk

la bebida cola

coke

el vino

wine

la cerveza

beer

el alcohol

alcohol

el cacao

cocoa

el té

tea

el café

coffee

el café expreso

espresso

el cappuccino

cappuccino

la banana

banana

la manzana

apple

la naranja

orange

el melón

melon

el limón

lemon

la zanahoria

carrot

el ajo

garlic

el bambú

bamboo

la cebolla

onion

el champiñón

mushroom

las nueces

nuts

los fideos

noodles

los tallarines
spaghetti

el arroz
rice

la ensalada
salad

las papas fritas
chips

las papas fritas
fried potatoes

la pizza
pizza

la hamburguesa
hamburger

el sándwich
sandwich

el churrasco
cutlet

el jamón
ham

el salame
salami

la salchicha
sausage

el pollo
chicken

el asado
roast

el pescado
fish

s copos de avena

porridge oats

el muesli

muesli

los copos de maíz

cornflakes

la harina

flour

la medialuna

croissant

el pancito

bread roll

el pan

bread

la tostada

toast

las galletitas

biscuits

la manteca

butter

la cuajada

curd

la torta

cake

el huevo

egg

el huevo frito

fried egg

el queso

cheese

el helado

ice cream

el azúcar

sugar

la miel

honey

la mermelada

jam

la pasta de chocolate

chocolate spread

el curry

curry

la granja
farmhouse

el fardo de paja
straw bale

el granero
barn

el campo
field

el caballo
horse

el remolque
trailer

el potrillo
foal

el tractor
tractor

el burro
donkey

la oveja
sheep

el cordero
lamb

la cabra
goat

la vaca
cow

el ternero
calf

el cerdo
pig

el lechón
piglet

el toro
bull

el ganso

goose

el pato

duck

el pollo

chick

la gallina

hen

el gallo

cock

la rata

rat

el gato

cat

el ratón

mouse

el buey

ox

el perro

dog

la cucha

doghouse

la manguera

garden hose

la regadera

watering can

la guadaña

scythe

el arado

plough

la hoz

sickle

la azada

hoe

la horquilla

pitchfork

el hacha

axe

la carretilla

wheelbarrow

el abrevadero

trough

la lechera

milk can

la bolsa

sack

la reja

fence

el establo

stable

el invernadero

greenhouse

el suelo

soil

la semilla

seed

el fertilizador

fertilizer

la cosechadora

combine harvester

cosechar

harvest

la cosecha

harvest

las batatas

yams

el trigo

wheat

la soja

soy

la papa

potato

el maíz

corn

la semilla de colza

rapeseed

el árbol frutal

fruit tree

la mandioca

cassava

los cereales

cereals

la chimenea
chimney

el techo
roof

el caño de desagüe
drainpipe

la ventana
window

el garaje
garage

el timbre
doorbell

la puerta
door

el tacho de basura
rubbish bin

el buzón
letterbox

el jardín
garden

el living
living room

el baño
bathroom

la cocina
kitchen

el dormitorio
bedroom

el cuarto de los chicos
child's room

el comedor
dining room

el piso

floor

la pared

wall

el cielorraso

ceiling

el sótano

cellar

el sauna

sauna

el balcón

balcony

la terraza

terrace

la pileta

pool

la cortadora de pasto

lawn mower

la sábana

sheet

el acolchado

bedspread

la cama

bed

la escoba

broom

el balde

bucket

el interruptor

switch

el empapelado
wallpaper

la imagen
picture

la lámpara
lamp

el estante
shelf

el armario
cupboard

la chimenea
fireplace

la televisión
television

la flor
flower

el almohadón
cushion

el sofá
sofa

el florero
vase

el control remoto
remote control

la alfombra
carpet

la cortina
curtain

la mesa
table

la silla
chair

la mecedora
rocking chair

el sillón
armchair

el libro

book

la frazada

blanket

la decoración

decoration

la leña

firewood

la película

film

el equipo de música

hi-fi equipment

la llave

key

el diario

newspaper

la pintura

painting

el póster

poster

la radio

radio

el cuaderno

notepad

la aspiradora

hoover

el cactus

cactus

la vela

candle

la heladera
fridge

el microondas
microwave oven

la balanza de cocina
kitchen scales

la tostadora
toaster

el detergente
detergent

el horno
oven

freezer
ezer

el tacho de basura
rubbish bin

el lavaplatos
dishwasher

la cocina

cooker

la olla

pot

la olla de hierro fundido

cast-iron pot

el wok

wok / kadai

la sartén

pan

la pava

kettle

la vaporera

steamer

la bandeja de horno

baking tray

la vajilla

crockery

la taza

mug

el bol

bowl

los palitos

chopsticks

el cucharón

ladle

la espátula

spatula

la batidora

whisk

el colador

strainer

el colador

sieve

el rallador

grater

el mortero

mortar

la parrilla

barbecue

la fogata

open fire

la tabla de picar

chopping board

el palo de amasar

rolling pin

el sacacorchos

corkscrew

la lata

can

el abrelatas

can opener

la manopla

pot holder

la pileta

sink

el cepillo

brush

la esponja

sponge

la batidora

blender

el congelador

deep freezer

la mamadera

baby bottle

la canilla

tap

la ducha
shower

la calefacción
heating

la toalla
towel

la cortina de la ducha
shower curtain

el baño de espuma
bubble bath

la bañadera
bathtub

el vaso
glass

el lavarropas
washing machine

las baldosas
tiles

la canilla
tap

la pelela
potty

la pileta
sink

el inodoro

toilet

la letrina

squat toilet

el bidé

bidet

el mingitorio

urinal

el papel higiénico

toilet paper

el cepillo para el inodoro

toilet brush

cepillo de dientes

toothbrush

el dentífrico

toothpaste

el hilo dental

dental floss

lavar

wash

la ducha de mano

handheld shower

la ducha higiénica

douche

la palangana

basin

el cepillo para la espalda

back brush

el jabón

soap

el gel de ducha

shower gel

el shampoo

shampoo

la toallita

flannel

el desagüe

drain

la crema

cream

el desodorante

deodorant

el baño - bathroom

el espejo

mirror

el espejito

hand mirror

la maquinita de afeitar

razor

la espuma de afeitar

shaving foam

el aftershave

aftershave

el peine

comb

el cepillo

brush

el secador de pelo

hair dryer

el spray

hairspray

el maquillaje

makeup

el lápiz de labios

lipstick

el esmalte para uñas

nail varnish

el algodón

cotton wool

la tijera para uñas

nail scissors

el perfume

perfume

portacosméticos

washbag

la banqueta

stool

la balanza

weighing scale

la bata

bathrobe

los guantes de goma

rubber gloves

el tampón

tampon

toallita femenina

sanitary towel

el baño químico

chemical toilet

el despertador
alarm clock

el peluche
cuddly toy

el coche de juguete
toy car

la casa de muñecas
doll's house

el regalo
present

el sonajero
rattle

el globo
balloon

la cama
bed

el cochecito
pram

las cartas
deck of cards

el rompecabezas
jigsaw

la historieta
comic

las piezas de lego

lego bricks

los ladrillos de juguete

building blocks

la figura de acción

action figure

enterito (de bebé)

babygrow

el frisbee

frisbee

el móvil para bebés

mobile

el juego de mesa

board game

los dados

dice

el tren eléctrico

model train set

el chupete

dummy

la fiesta

party

el libro de cuentos ilustrado

picture book

la pelota

ball

la muñeca

doll

jugar

play

el arenero

sandpit

la hamaca

swing

los juguetes

toys

la consola de videojuegos

video game console

el triciclo

tricycle

el osito de peluche

teddy bear

el armario

wardrobe

la ropa

clothing

las medias

socks

las medias panty

stockings

las calzas

tights

la bufanda
scarf

cinturón
t

el paraguas
umbrella

la remera
t-shirt

las botas
boots

las pantuflas
slippers

las zapatillas
trainers

las sandalias
sandals

los zapatos
shoes

las botas de goma
rubber boots

a ropa interior
underpants

el corpiño
bra

el chaleco
vest

el body

body

los pantalones

trousers

los jeans

jeans

la pollera

skirt

la blusa

blouse

la camisa

shirt

el pulóver

pullover

el buzo

hoodie

el blazer

blazer

la campera

jacket

el tapado

coat

el piloto

raincoat

el traje

costume

el vestido

dress

el vestido de novia

wedding dress

el traje

suit

el camisón

nightgown

el pijama

pyjamas

el sari

sari

el pañuelo para la cabeza

headscarf

el turbante

turban

la burka

burqa

el caftán

kaftan

la abaya

abaya

el traje de baño

swimsuit

el short de baño

trunks

los shorts

shorts

el jogging

tracksuit

el delantal

apron

los guantes

gloves

la ropa - clothing

el botón

button

los anteojos

glasses

la pulsera

bracelet

el collar

necklace

el anillo

ring

el aro

earring

la gorra

cap

la percha

coat hanger

el sombrero

hat

la corbata

tie

el cierre

zip

el casco

helmet

los tiradores

braces

el uniforme escolar

school uniform

el uniforme

uniform

el babero
bib

el chupete
dummy

el pañal
nappy

apel
er

el archivero
filing cabinet

la impresora
printer

el servidor
server

el monitor
monitor

el escritorio
desk

el mouse
mouse

la carpeta
folder

el teclado
keyboard

el tacho (de basura)
waste-paper basket

la computadora
computer

la silla
chair

a taza de café
coffee mug

la calculadora
calculator

el internet
internet

la laptop

laptop

la carta

letter

el mensaje

message

el celular

mobile

la red

network

la fotocopiadora

photocopier

el software

software

el teléfono

telephone

el tomacorriente

plug socket

el fax

fax machine

el formulario

form

el documento

document

comprar

buy

pagar

pay

hacer negocios

trade

el dinero

money

USD

el dólar

dollar

EUR

el euro

euro

JPY

el yen

yen

RUB

el rublo

rouble

CHF

el franco suizo

Swiss franc

CNY

el yuan

renminbi yuan

INR

la rupia

rupee

el cajero automático

cashpoint

la casa de cambio

bureau de change

el oro

gold

la plata

silver

el petróleo

oil

la energía

energy

el precio

price

el contrato

contract

el impuesto

tax

la acción

stock

trabajar

work

el empleado

employee

el empleador

employer

la fábrica

factory

el negocio

shop

el bombero
fireman

el policía
police officer

el cocinero
cook

el médico
doctor

el piloto
pilot

el jardinero

gardener

el carpintero

carpenter

la modista

seamstress

el juez

judge

el farmacéutico

chemist

el actor

actor

el colectivero

bus driver

el taxista

taxi driver

el pescador

fisherman

la mucama

cleaning lady

el techista

roofer

el mozo

waiter

el cazador

hunter

el pintor

painter

el panadero

baker

el electricista

electrician

el albañil

builder

el ingeniero

engineer

el carnicero

butcher

el plomero

plumber

el cartero

postman

el soldado

soldier

el arquitecto

architect

el cajero

cashier

el florista

florist

el peluquero

hairdresser

el cobrador

conductor

el mecánico

mechanic

el capitán

captain

el dentista

dentist

el científico

scientist

el rabino

rabbi

el imán

imam

el monje

monk

el sacerdote

clergyman

el martillo
hammer

la tenaza
pliers

el destornillador
screwdriver

la llave
spanner

la linterna
torch

la excavadora

digger

la caja de herramientas

toolbox

la escalera portátil

ladder

la sierra

saw

los clavos

nails

el taladro

drill

arreglar

repair

la pala de jardín

shovel

¡Qué bronca!

Damn!

pala de plástico

dustpan

el tacho de pintura

paint pot

los tornillos

screws

los instrumentos musicales

musical instruments

el parlante
loudspeaker

la batería
drum kit

la guitarra
guitar

el contrabajo
double bass

la trompeta
trumpet

el piano

piano

el violín

violin

el bajo

bass

los timbales

timpani

el tambor

drums

el teclado

keyboard

el saxofón

saxophone

la flauta

flute

el micrófono

microphone

la entrada
entrance

el tigre
tiger

la jaula
cage

la cebra
zebra

el alimento para animales
animal feed

el oso panda
panda

los animales
animals

el elefante
elephant

el canguro
kangaroo

el rinoceronte
rhino

el gorila
gorilla

el oso
bear

el camello

camel

el avestruz

ostrich

el león

lion

el mono

monkey

el flamenco

flamingo

el loro

parrot

el oso polar

polar bear

el pingüino

penguin

el tiburón

shark

el pavo real

peacock

la serpiente

snake

el cocodrilo

crocodile

el cuidador del zoológico

zookeeper

la foca

seal

el jaguar

jaguar

el poni

pony

el leopardo

leopard

el hipopótamo

hippo

la jirafa

giraffe

el águila

eagle

el jabalí

boar

el pescado

fish

la tortuga

turtle

la morsa

walrus

el zorro

fox

la gacela

gazelle

el fútbol americano
American football

el ciclismo
cycling

el tenis
tennis

el básquet
basketball

la natación
swimming

el hockey sobre hi
ice hockey

el boxeo
boxing

el fútbol
football

el bádminton
badminton

el atletismo
athletics

el handball
handball

el esquí
skiing

el polo
polo

saltar
jump

reír
laugh

abrazar
hug

caminar
walk

cantar
sing

soñar
dream

rezar
pray

besar
kiss

escribir
write

dibujar
draw

mostrar
show

presionar
push

dar
give

tomar
take

tener

have

hacer

do

ser

be

estar parado

stand

correr

run

tirar

pull

tirar

throw

caer

fall

estar acostado

lie

esperar

wait

llevar

carry

estar sentado

sit

vestirse

get dressed

dormir

sleep

despertar

wake up

mirar

look at

llorar

cry

acariciar

stroke

peinar

comb

hablar

talk

entender

understand

preguntar

ask

escuchar

listen

beber

drink

comer

eat

ordenar

tidy up

amar

love

cocinar

cook

manejar

drive

volar

fly

las actividades - activities

navegar

sail

calcular

calculate

leer

read

aprender

learn

trabajar

work

casarse

marry

coser

sew

cepillarse los dientes

brush teeth

matar

kill

fumar

smoke

enviar

send

buela
ndmother

el abuelo
grandfather

el padre
father

la madre
mother

el bebé
baby

la hija
daughter

el hijo
son

el invitado
guest

la tía
aunt

el tío
uncle

el hermano
brother

la hermana
sister

el cuerpo
body

la frente
forehead

el ojo
eye

la cara
face

la pera
chin

el pecho
breast

el dedo
finger

la mano
hand

el hombro
shoulder

la pierna
leg

el brazo
arm

el bebé

baby

el hombre

man

la mujer

woman

la nena

girl

el nene

boy

la cabeza

head

la espalda

back

la panza

belly

el ombligo

belly button

el dedo del pie

toe

el talón

heel

el hueso

bone

la cadera

hip

la rodilla

knee

el codo

elbow

la nariz

nose

la cola

bottom

la piel

skin

el cachete

cheek

la oreja

ear

el labio

lip

el cuerpo - body

69

la boca

mouth

el diente

tooth

la lengua

tongue

el cerebro

brain

el corazón

heart

el músculo

muscle

el pulmón

lung

el hígado

liver

el estómago

stomach

los riñones

kidneys

el sexo

sex

el preservativo

condom

el óvulo

ovum

el semen

semen

el embarazo

pregnancy

la menstruación

menstruation

la vagina

vagina

el pene

penis

la ceja

eyebrow

el pelo

hair

el cuello

neck

el hospital
hospital

la ambulancia
ambulance

la silla de ruedas
wheelchair

la fractura
fracture

el médico

doctor

la sala de guardia

emergency room

la enfermera

nurse

la emergencia

emergency

inconsciente

unconscious

el dolor

pain

la lesión
injury

la hemorragia
bleeding

el infarto
heart attack

el ACV
stroke

la alergia
allergy

la tos
cough

la fiebre
fever

la gripe
flu

la diarrea
diarrhoea

dolor de cabeza
headache

el cáncer
cancer

la diabetes
diabetes

el cirujano
surgeon

el bisturí
scalpel

la operación
operation

la TC

CT

los rayos x

x-ray

la ecografía

ultrasound

el barbijo

face mask

la enfermedad

disease

la sala de espera

waiting room

la muleta

crutch

la curita

plaster

la venda

bandage

la inyección

injection

el estetoscopio

stethoscope

la camilla

stretcher

el termómetro

clinical thermometer

el nacimiento

birth

el sobrepeso

overweight

el audífono

hearing aid

el desinfectante

disinfectant

la infección

infection

el virus

virus

el VIH / SIDA

HIV / AIDS

el remedio

medicine

la vacunación

vaccination

los comprimidos

tablets

la pastilla anticonceptiva

pill

ada de emergencia

mergency call

el tensiómetro

blood pressure monitor

enfermo / sano

ill / healthy

¡Ayuda!

Help!

la alarma

alarm

la agresión

assault

el ataque

attack

el peligro

danger

la salida de emergencia

emergency exit

¡Fuego!

Fire!

el matafuego

fire extinguisher

el accidente

accident

el botiquín de primeros auxilios

first-aid kit

el SOS

SOS

la policía

police

Europa

Europe

América del Norte

North America

América del Sur

South America

África

Africa

Asia

Asia

Australia

Australia

el Atlántico

Atlantic

el Pacífico

Pacific

el Océano Índico

Indian Ocean

Océano Antártico

ntarctic Ocean

el Océano Ártico

Arctic Ocean

el polo norte

North Pole

el polo sur

South Pole

la Antártida

Antarctica

la Tierra

Earth

la tierra

land

el mar

sea

la isla

island

la nación

nation

el estado

state

la esfera

clock face

la manecilla de las horas

hour hand

el minutero

minute hand

el segundero

second hand

¿Qué hora es?

What time is it?

el día

day

la hora

time

ahora

now

el reloj digital

digital watch

el minuto

minute

la hora

hour

la semana
week

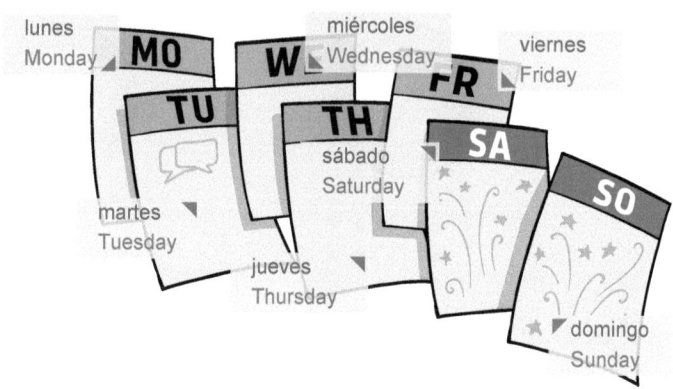

lunes
Monday

miércoles
Wednesday

viernes
Friday

martes
Tuesday

jueves
Thursday

sábado
Saturday

domingo
Sunday

ayer
yesterday

hoy
today

mañana
tomorrow

la mañana
morning

el mediodía
noon

la tarde
evening

MO	TU	WE	TH	FR	SA	SU
1	2	3	4	5	6	7
8	9	10	11	12	13	14
15	16	17	18	19	20	21
22	23	24	25	26	27	28
29	30	31	1	2	3	4

los días hábiles
business days

MO	TU	WE	TH	FR	SA	SU
1	2	3	4	5	6	7
8	9	10	11	12	13	14
15	16	17	18	19	20	21
22	23	24	25	26	27	28
29	30	31	1	2	3	4

el fin de semana
weekend

la lluvia
rain

el arco iris
rainbow

la nieve
snow

el viento
wind

la primavera
spring

el otoño
autumn

el verano
summer

el invierno
winter

4.APRIL	11°	☀
5.APRIL	4°	🌧
6.APRIL	13°	☁
7.APRIL	8°	☀
8.APRIL	10°	☀

óstico meteorológico

eather forecast

el termómetro

thermometer

la luz del sol

sunshine

la nube

cloud

la niebla

fog

la humedad

humidity

el rayo

lightning

el trueno

thunder

la tormenta

storm

el granizo

hail

el monzón

monsoon

la inundación

flood

el hielo

ice

enero

January

febrero

February

marzo

March

abril

April

mayo

May

junio

June

julio

July

agosto

August

septiembre
....
September

octubre
....
October

noviembre
....
November

diciembre
....
December

las formas
shapes

el círculo
....
circle

el cuadrado
....
square

el rectángulo
....
rectangle

el triángulo
....
triangle

la esfera
....
sphere

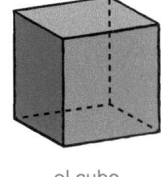

el cubo
....
cube

colores
colours

blanco

white

amarillo

yellow

naranja

orange

rosa

pink

rojo

red

violeta

purple

azul

blue

verde

green

marrón

brown

gris

grey

negro

black

mucho / poco

a lot / a little

enojado / tranquilo

angry / calm

lindo / feo

beautiful / ugly

principio / el fin

beginning / end

grande / chico

big / small

claro / oscuro

bright / dark

mano / la hermana

brother / sister

limpio / sucio

clean / dirty

completo / incompleto

complete / incomplete

día / la noche

day / night

muerto / vivo

dead / alive

ancho / angosto

wide / narrow

comestible / no comestible

edible / inedible

malo / amable

evil / kind

entusiasmado / aburrido

excited / bored

gordo / flaco

fat / thin

primero / último

first / last

el amigo / el enemigo

friend / enemy

lleno / vacío

full / empty

duro / blando

hard / soft

pesado / liviano

heavy / light

el hambre / la sed

hunger / thirst

enfermo / sano

ill / healthy

ilegal / legal

illegal / legal

inteligente / estúpido

intelligent / stupid

izquierda / derecha

left / right

cerca / lejos

near / far

nuevo / usado

new / used

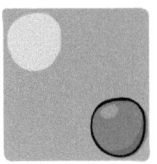

nada / algo

nothing / something

viejo / joven

old / young

cendido / apagado

on / off

abierto / cerrado

open / closed

silencioso / ruidoso

quiet / loud

rico / pobre

rich / poor

correcto / incorrecto

right / wrong

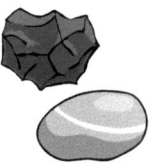

áspero / suave

rough / smooth

riste / contento

sad / happy

corto / largo

short / long

lento / rápido

slow / fast

nojado / seco

wet / dry

caliente / frío

warm / cool

guerra / paz

war / peace

los opuestos - opposites

los números

numbers

0	**1**	**2**
cero	uno	dos
zero	one	two
3	**4**	**5**
tres	cuatro	cinco
three	four	five
6	**7**	**8**
seis	siete	ocho
six	seven	eight
9	**10**	**11**
nueve	diez	once
nine	ten	eleven

12

doce

twelve

13

trece

thirteen

14

catorce

fourteen

15

quince

fifteen

16

dieciséis

sixteen

17

diecisiete

seventeen

18

dieciocho

eighteen

19

diecinueve

nineteen

20

veinte

twenty

100

cien

hundred

1.000

mil

thousand

1.000.000

el millón

million

el inglés

English

el inglés americano

American English

el chino mandarín

Chinese Mandarin

el hindi

Hindi

el español

Spanish

el francés

French

el árabe

Arabic

el ruso

Russian

el portugués

Portuguese

el bengalí

Bengali

el alemán

German

el japonés

Japanese

yo

I

vos

you

él / ella

he / she / it

nosotros

we

ustedes

you

ellos

they

¿quién?

who?

¿qué?

what?

¿cómo?

how?

¿dónde?

where?

¿cuándo?

when?

el nombre

name

detrás

behind

en

in

adelante de

in front of

por encima de

over

sobre

on

debajo de

under

al lado de

beside

entre

between

el lugar

place